LOI DU 23 DÉCEMBRE 1912

RELATIVE A LA CONSTITUTION

DES CADRES & DES EFFECTIFS

DE L'INFANTERIE

ET

INSTRUCTIONS PORTANT CRÉATION

DES NOUVEAUX CORPS DE TROUPE

PARIS

Henri CHARLES-LAVAUZELLE

Éditeur militaire

10, Rue Danton, Boulevard Saint-Germain, 118

(MÊME MAISON A LIMOGES)

—

1913

LOI DU 23 DÉCEMBRE 1912

RELATIVE A LA CONSTITUTION

DES CADRES & DES EFFECTIFS

DE L'INFANTERIE

ET

INSTRUCTIONS PORTANT CRÉATION

DES NOUVEAUX CORPS DE TROUPE

PARIS

Henri CHARLES-LAVAUZELLE

Éditeur militaire

10, Rue Danton, Boulevard Saint-Germain, 118

—

(MÊME MAISON A LIMOGES)

—

1913

LOI DU 23 DÉCEMBRE 1912

RELATIVE A LA CONSTITUTION

DES CADRES ET DES EFFECTIFS

DE L'INFANTERIE

Le Sénat et la Chambre des députés ont adopté,

Le Président de la République promulgue la loi dont la teneur suit :

Art. 1er. Les troupes d'infanterie se composent de 173 régiments d'infanterie, dont :

164 régiments à 3 bataillons de 4 compagnies;

  8 régiments à 4 bataillons de 4 compagnies;

  1 régiment stationné en Corse, à nombre variable de bataillons de 4 compagnies;

31 bataillons de chasseurs à pied, dont :

18 à 4, 5 ou 6 compagnies, et, éventuellement, un groupe cycliste de 3 pelotons;

13 bataillons de chasseurs alpins à 4, 5 ou 6 compagnies;

  4 régiments de zouaves à nombre variable de bataillons de 4 compagnies;

12 régiments de tirailleurs indigènes ayant chacun un nombre variable de bataillons de 4 compagnies et une compagnie de dépôt;

Des régiments étrangers ayant chacun un nombre variable de bataillons à 4 compagnies et de sections de mitrailleuses, des compagnies montées en nombre variable et un dépôt de 2 compagnies;

5 bataillons d'infanterie légère d'Afrique ayant chacun un nombre variable de compagnies;

Des compagnies sahariennes;

Le régiment des sapeurs-pompiers de la ville de Paris. (La composition de ce régiment peut être modifiée par décret, de concert avec la ville de Paris et suivant les besoins du service.)

A certains régiments sont rattachées les sections spéciales prévues par la loi du 11 avril 1910. (Le nombre de ces sections, la composition de leurs cadres et leur fonctionnement sont fixés par décret.)

Le nombre des régiments étrangers, le nombre des bataillons du régiment d'infanterie stationné en Corse, des régiments de tirailleurs indigènes, de zouaves, des régiments étrangers, le nombre des compagnies des bataillons de chasseurs à pied et des bataillons d'infanterie légère, le nombre des compagnies sahariennes sont fixés par décret.

La composition sur le pied de paix des cadres et des effectifs de ces corps de troupe, ainsi que le cadre de l'état-major particulier, sont déterminés par les tableaux 1, 2, 3, 4, 5, 6, 7 et 8 annexés à la présente loi.

Art. 2. Les effectifs en hommes du service armé prévus dans les tableaux annexés à la présente loi représentent ceux qui doivent être atteints au 1er avril de chaque année.

Tous les ans, le Ministre de la guerre fera connaître aux Chambres les effectifs moyens en hommes du service armé réalisés au 1er avril dans les diverses subdivisions d'armes et types d'unités prévus aux tableaux précités et leur soumettra les mesures de nature à maintenir ces effectifs aux fixations déterminées par la présente loi.

Art. 3. Les officiers d'infanterie employés dans le service des affaires indigènes de l'Afrique du Nord, ainsi qu'au commandement des troupes indigènes des pays de protectorat autres que celles prévues par la présente loi, sont placés hors cadres.

Leur nombre dans chaque grade est fixé par des décrets rendus sur la proposition du Ministre de la guerre et contresignés par le Ministre des finances, suivant les besoins du service et dans la limite des crédits.

Art. 4. Par modification à l'article 59 de la loi du 21 mars 1905, le nombre des sous-officiers des régiments d'infanterie, de zouaves, des bataillons de chasseurs à pied autorisés à rester sous les drapeaux au delà de la durée légale du service, en vertu d'une commission ou d'un rengagement, est fixé aux deux tiers de l'effectif total des militaires de ce grade. Toutefois, ce nombre pourra être porté aux trois quarts de cet effectif total par la nomination au grade de sous-officier de caporaux rengagés. Les sous-officiers ainsi promus recevront la solde afférente à leur emploi, mais continueront de n'avoir droit qu'aux avantages pécuniaires et aux emplois réservés attribués aux caporaux rengagés. La moitié des vacances de sous-officiers rengagés leur sera réservée.

Dans le régiment des sapeurs-pompiers de la ville de Paris, les régiments de tirailleurs indigènes, les régiments étrangers, les bataillons d'infanterie légère d'Afrique, le nombre des sous-officiers rengagés ou commissionnés peut atteindre la totalité de l'effectif.

La présente loi, délibérée et adoptée par le Sénat et par la Chambre des députés, sera exécutée comme loi de l'Etat.

Fait à Paris, le 23 décembre 1912.

A. FALLIÈRES

Par le Président de la République :

Le Ministre de la guerre,

A. MILLERAND.

Composition d'un régiment d'infanterie à 3 ou 4 bataillons de 4 compagnies.

CADRES.	HOMMES.	CHEVAUX.	OBSERVATIONS.
Officiers.			
État-major du régiment.			
Colonel............................	1	2	(1) Nombre fixé par décision ministérielle.
Lieutenant-colonel..........................	1	2	
Major.............................	1	1	
Capitaine adjoint au colonel................................	1	1	
Capitaine trésorier.	1	»	
Capitaine chargé du matériel....	1	»	(2) L'organisation des musiques et fanfares fait l'objet d'une loi spéciale.
Lieutenant adjoint au trésorier...........	1	»	
Lieutenant adjoint au capitaine chargé du matériel, faisant fonctions d'officier d'approvisionnement...........	1	»	
Médecins (1)........	»	»	
Chef de musique (2)...........	»	»	
TOTAL.............................	8	6	
Cadre complémentaire.			
Lieutenant-colonel.	1	2	
Chefs de bataillon............................	2	2	
Capitaines.	6	6	
TOTAL.............................	9	10	
État-major de bataillon.			
Chef de bataillon.........................	1	1	
Capitaine adjudant-major.	1	1	
TOTAL.............................	2	2	
Une compagnie.			
Capitaine.	1	1	(3) Répartis, en principe, dans les unités en sus du cadre normal pour y faire le service.
Lieutenants ou sous-lieutenants........................	2	»	
TOTAL.............................	3	1	
II. — Troupe.			(4) Un par bataillon.
a) Compagnie hors rang.			
Cadre complémentaire de sous-officiers { Adjudants-chefs (3)...........	3	»	
{ Adjudants (3).................	3	»	(5) Peut être sergent, puis sergent-major et adjudant.
Adjudants-chefs de bataillon (4)......................	»	»	
Adjudant-chef chargé du casernement....................	1	»	
Adjudant-chef à la disposition du capitaine chargé du matériel. . . .	1	»	
Adjudant-maître armurier. . . .	1	»	
Maître d'escrime (adjudant ou sergent).................	1	»	(6) Peut être nommé sergent-major après quatre ans de grade de sous-officier et adjudant après six ans passés dans l'emploi de sergent-major.
Sous-chef de musique (2).....................	»	»	
Sergent-major vaguemestre.	1	»	
Tambour-major (5).	1	»	
Sergent-major.	1	»	
Sergents... { Secrétaire du colonel (6).....................	1	»	
{ Secrétaire du major (6).....................	1	»	
{ Secrétaire du trésorier (6).....................	1	»	(7) Peut être sergent (proportion à fixer par le Ministre).
{ Secrétaire du capitaine chargé du matériel (6).	1	»	
{ Secrétaire de la commission des ordinaires.	1	»	
{ Garde-magasin (6).	1	»	
{ Chargé des équipages et des écuries.......	1	»	(8) Peut recevoir l'assimilation au grade de sous-officier, avec rang de sergent, lorsqu'il a accompli, comme caporal, le temps de service exigé par la loi.
{ Chargé de l'infirmerie....................	1	»	
Caporaux... { Musiciens (2).	»	»	
{ Secrétaire du trésorier....................	1	»	
{ Secrétaire du capitaine chargé du matériel.	1	»	
{ Sapeur.	1	»	
{ Armurier (7).	1	»	
{ Moniteur d'escrime.	1	»	
{ Clairons ou tambours (4)...................	»	»	
{ Musiciens (2). . . .	»	»	
{ Maître ouvrier tailleur (8)...................	1	»	
{ Maître ouvrier cordonnier (8)...............	1	»	

CADRES.	HOMMES.	CHEVAUX.	OBSERVATIONS.
II. — Troupe (*suite*).			(9) Dont 1 chargé de la presse. Tous les soldats secrétaires non mobilisés sont, autant que possible, du service auxiliaire.
Soldats.... Secrétaires du colonel (9)........	2	»	(10) Nombre variable suivant les besoins locaux; ne pourra dépasser 4 pour 3 bataillons, 5 pour 4 bataillons.
Secrétaires du major........	2	»	(11) En principe, du service auxiliaire.
Secrétaire du trésorier........	1	»	(12) En cas de partage du régiment, les sapeurs ouvriers d'art sont répartis par le colonel entre les détachements.
Secrétaires du capitaine chargé du matériel.	2	»	(13) Dont 3 du service auxiliaire.
Cyclistes (10)........	»	»	(14) Nombre calculé sur le pied de 1 infirmier du service armé et 1 du service auxiliaire par bataillon. Un des infirmiers du service armé peut être caporal.
Garde-magasin (11)........	4	»	(15) 4 chevaux ou mulets par section de mitrailleuses, 1 cheval par bataillon. (Dotation pouvant être modifiée par décision ministérielle.)
Sapeurs ouvriers d'art (12)........	12	»	(16) Les emplois de sergent fourrier de compagnie peuvent être tenus exceptionnellement par des caporaux fourriers.
Ouvriers armuriers (13)........	6	»	(17) 8 dans les compagnies à effectif renforcé.
Ouvriers tailleurs (11)........	6	»	(18) 9 dans les compagnies à effectif renforcé.
Ouvriers cordonniers (11)........	6	»	(19) 138 dans les régiments à effectif renforcé désignés par le Ministre.
Infirmiers (14)........	»	»	(20) 160 dans les régiments à effectif renforcé.
Musiciens (2)........	»	»	Chaque compagnie peut recevoir, en sus de cet effectif, des hommes du service auxiliaire en nombre variable suivant les ressources du recrutement.
Un conducteur par voiture à un cheval et par mulet de bât........	»	(15) »	
b) *Une compagnie.*			
Adjudant........	1	»	
Sergent-major........	1	»	
Sergent fourrier (16)........	1	»	
Sergents........	(17) 7	»	
Caporaux........	(18) 8	»	
Clairons ou tambours........	2	»	
Soldats (dont 8 sapeurs-pionniers)........	(19) 95	»	
Total........	(20) 115	»	

NOTA. — Lorsque les bataillons sont séparés, il peut être pourvu, d'après les ordres du Ministre, aux emplois ci-après :

Capitaine-major........	1
Sergent secrétaire de l'adjoint au trésorier........	1
Caporal secrétaire du capitaine-major........	1
Caporal d'infirmerie........	1
Soldat secrétaire de l'adjoint au trésorier........	1

CADRES.	HOMMES.	CHEVAUX.	OBSERVATIONS.
Officiers.			
État-major du bataillon.			
Chef de bataillon commandant..........................	1	2	(1) Le nombre des médecins est fixé par décision ministérielle.
Capitaine adjudant-major.	1	1	
Capitaine-major.	1	»	
Lieutenant trésorier.	1	»	
Lieutenant chargé du matériel.........................	1	»	
Lieutenant chargé de la mobilisation, faisant fonctions d'officier d'approvisionnement.	1	»	
Médecins (1).	»	»	
TOTAL..............................	6	3	(2) 1 capitaine commandant et 1 capitaine en second.
Cadre complémentaire.			
Capitaines.	3	3	
TOTAL..............................	3	3	
Une compagnie.			
Capitaine.	1	1	
Lieutenants ou sous-lieutenants.......................	2	»	
TOTAL..............................	3	1	
Un groupe cycliste.			
Capitaines.	2	2	
Par peloton. { Lieutenant chef de peloton...................	1	»	
{ Lieutenant ou sous-lieutenant.............. (2)	1	»	
TOTAL du groupe cycliste............	4	2	

CADRES.	HOMMES.	CHEVAUX.
II. — Troupe.		
a) Section hors rang.		
Cadre complémentaire de sous-officiers } Adjudants-chefs (3)	2	»
Cadre complémentaire de sous-officiers } Adjudants (3)	1	»
Adjudant-maître armurier	1	»
Maître d'escrime (adjudant ou sergent)	1	»
Adjudant-chef de bataillon (4)	1	»
Clairon-major, chef de fanfare (5)	1	»
Sergents... { Fourrier (6)	1	»
Sergents... { Secrétaire du chef de corps (7)	1	»
Sergents... { Secrétaire du trésorier (7)	1	»
Sergents... { Garde-magasin et secrétaire de l'officier chargé du matériel (7)	1	»
Sergents... { Secrétaire de la commission des ordinaires.	1	»
Sergents... { Vaguemestre	1	»
Caporaux... { Armurier (8)	1	»
Caporaux... { Secrétaire du major	1	»
Caporaux... { Secrétaire du trésorier	1	»
Caporaux... { Clairon	1	»
Caporaux... { Chargé des équipages	1	»
Caporaux... { Chargé de l'infirmerie	1	»
Caporaux... { Maître ouvrier tailleur (9)	1	»
Caporaux... { Maître ouvrier cordonnier (9)	1	»
Chasseurs.. { Secrétaires du chef de corps (10)	2	»
Chasseurs.. { Secrétaires du major	2	»
Chasseurs.. { Secrétaire du trésorier	1	»
Chasseurs.. { Secrétaires de l'officier chargé des services du matériel	2	»
Chasseurs.. { Ouvriers armuriers (11)	3	»
Chasseurs.. { Ouvriers tailleurs (11)	3	»
Chasseurs.. { Ouvriers cordonniers (11)	3	»
Chasseurs.. { Cyclistes	2	»
Chasseurs.. { Sapeurs ouvriers d'art	8	»
Un conducteur par voiture à un cheval ou par mulet de bât.	»	(12) »

OBSERVATIONS.

(3) Répartis, en principe, dans les unités, en sus du cadre normal, pour y faire le service.

(4) Chargé du casernement.

(5) Peut être sergent, puis sergent-major et adjudant. L'organisation des musiques et fanfares fait l'objet d'une loi spéciale.

(6) Peut être nommé sergent-major après quatre ans de grade de sous-officier.

(7) Peut être nommé sergent-major après quatre ans de grade de sous-officier et adjudant après six ans passés dans l'emploi de sergent-major.

(8) Peut être sergent (proportion à fixer par le Ministre).

(9) Peut recevoir l'assimilation au grade de sous-officier, avec rang de sergent, lorsqu'il a accompli comme caporal le temps de service exigé par la loi.

(10) Dont un chargé de la presse. Tous les soldats secrétaires non mobilisés sont, en principe, du service auxiliaire.

(11) En principe, du service auxiliaire.

(12) 4 chevaux ou mulets par section de mitrailleuses, 2 chevaux pour le bataillon. (Cette dotation pourra être modifiée par décision ministérielle.)

	HOMMES.	CHEVAUX.
b) Une compagnie.		
Adjudant	1	»
Sergent-major	1	»
Sergent fourrier (13)	1	»
Sergents	8	»
Caporaux	12	»
Clairons	4	»
Chasseurs (dont 8 sapeurs-pionniers)	133	»
TOTAL des hommes de troupe	160	»
c) Un groupe cycliste.		
Sergent-major	1	»
Caporal armurier et mécanicien	1	»
Par peloton. { Adjudant-chef	1	»
Par peloton. { Adjudant	1	»
Par peloton. { Sergent fourrier	1	»
Par peloton. { Sergents	4	»
Par peloton. { Caporaux	8	»
Par peloton. { Clairons	2	»
Par peloton. { Chasseurs cyclistes	89	»
TOTAL des hommes de troupe du peloton	106	»
L'état-major des 13 bataillons de chasseurs alpins comprendra en outre :		
Adjudant chargé des équipages	1	»
Sergent conducteur des équipages	1	»
Caporal maître maréchal ferrant	1	»
Soldat ouvrier bourrelier	1	»
Soldat aide-maréchal ferrant	1	»
Conducteurs de chevaux et mulets	7	»
Par compagnie :		
Mulets	»	»

(13) L'emploi de sergent fourrier de compagnie pourra être tenu exceptionnellement par un caporal fourrier.

NOTA. — Lorsque le bataillon est séparé de son dépôt, il est pourvu en outre aux emplois suivants :

Lieutenant délégué au matériel 1
Caporal secrétaire faisant fonctions de fourrier au dépôt 1

CADRES.	HOMMES.	CHEVAUX.	OBSERVATIONS.
Officiers.			
Etat-major du régiment.			
Colonel	1	2	
Lieutenant-colonel	1	2	
Major	1	1	
Capitaine adjoint au colonel	1	1	
Capitaine trésorier	1	»	
Capitaine chargé du matériel	1	»	
Lieutenant adjoint au trésorier	1	»	(1) Nombre fixé par décision ministérielle.
Lieutenant adjoint au capitaine chargé du matériel, faisant fonctions d'officier d'approvisionnement	1	»	
Médecins (1)	»	»	
Chef de musique (2)	»	»	(2) L'organisation des musiques et fanfares fait l'objet d'une loi spéciale.
Total	8	6	
Cadre complémentaire.			
Lieutenant-colonel	1	2	
Chefs de bataillon	2	2	
Capitaines	6	6	
Total	9	10	
Etat-major du bataillon.			
Chef de bataillon	1	1	
Capitaine adjudant-major	1	1	
Total	2	2	
Une compagnie.			
Capitaine	1	1	
Lieutenants ou sous-lieutenants	2	»	
Total	3	1	
II. — Troupe.			
a) Compagnie hors rang.			
Cadre complémentaire de sous-officiers { Adjudants-chefs (3)	3	»	(3) Répartis, en principe, dans les unités, en sus du cadre normal, pour y faire le service.
Adjudants (3)	3	»	
Adjudants-chefs de bataillon (4)	»	»	(4) Un par bataillon.
Adjudant-chef chargé du casernement	1	»	
Adjudant-chef à la disposition du capitaine chargé du matériel	1	»	
Adjudant-maître armurier	1	»	
Maître d'escrime (adjudant ou sergent)	1	»	(5) Peut être sergent, puis sergent-major et adjudant.
Sous-chef de musique (2)	»	»	
Sergent-major vaguemestre	1	»	
Tambour-major (5)	1	»	
Sergent-major	1	»	(6) Peut être nommé sergent-major après quatre ans de grade de sous-officier et adjudant après six ans passés dans l'emploi de sergent-major.
Sergents... { Secrétaire du colonel (6)	1	»	
Secrétaire du major (6)	1	»	
Secrétaire du trésorier (6)	1	»	
Secrétaire du capitaine chargé du service du matériel (6)	1	»	
Secrétaire de la commission des ordinaires	1	»	
Garde-magasin (6)	1	»	
Chargé des équipages et des écuries	1	»	
Chargé de l'infirmerie	1	»	
Musiciens (2)	»	»	

CADRES	HOMMES	CHEVAUX.	OBSERVATIONS.
II. — Troupe (*suite*).			
Caporaux.. { Secrétaire du trésorier...................	1	»	(7) Peut être sergent (proportion à fixer par le Ministre).
Secrétaire du capitaine chargé du matériel.	1	»	
Sapeur................................	1	»	(8) Peut recevoir l'assimilation au grade de sous-officier, avec rang de sergent, lorsqu'il a accompli, comme caporal, le temps de service exigé par la loi.
Armurier (7).	1	»	
Moniteur d'escrime.	1	»	
Clairons ou tambours (4)...............	»	»	
Musiciens (2). . .	»	»	(9) Dont 1 chargé de la presse. Tous les soldats secrétaires non mobilisés sont, autant que possible, du service auxiliaire.
Maître ouvrier tailleur (8)..............	1	»	
Maître ouvrier cordonnier (8).............	1	»	
Soldats.... { Secrétaires du colonel (9)...............	2	»	(10) Nombre variable suivant les besoins locaux; ne pourra dépasser 4 pour 3 bataillons. Ce nombre pourra être augmenté de 1 pour chaque bataillon au-dessus de 3.
Secrétaires du major...................	2	»	
Secrétaire du trésorier................	1	»	
Secrétaires du capitaine chargé du matériel.	2	»	(11) En principe, du service auxiliaire.
Cyclistes (10).	»	»	
Garde-magasin (11).	4	»	(12) En cas de partage du régiment, les sapeurs ouvriers d'art sont répartis par le colonel entre les détachements.
Sapeurs ouvriers d'art (12).............	12	»	
Ouvriers armuriers (13)................	6	»	
Ouvriers tailleurs (11)................	6	»	(13) Dont 3 du service auxiliaire.
Ouvriers cordonniers (11)...............	6	»	
Infirmiers (14).	»	»	(14) Nombre calculé sur le pied de 1 infirmier du service armé et 1 du service auxiliaire par bataillon. Un des infirmiers du service armé peut être caporal.
Musiciens (2).	»	»	
Un conducteur par voiture à un cheval et par mulet de bât................................	»	(15) »	(15) 4 chevaux ou mulets par section de mitrailleuses, 1 cheval par bataillon. (Dotation pouvant être modifiée par décision ministérielle.)

— 14 —

b) Une compagnie.			
Adjudant.	1	»	(16) Les emplois de sergent fourrier de compagnie peuvent être tenus exceptionnellement par des caporaux fourriers.
Sergent-major.	1	»	
Sergent fourrier (16).........................	1	»	
Sergents (17).	8	»	(17) 7 dans les unités de zouaves stationnées en France.
Caporaux (18).	9	»	
Tambours ou clairons.........................	2	»	(18) 8 dans les unités de zouaves stationnées en France.
Soldats (dont 8 sapeurs-pionniers) (19).............	138	»	
Total (20)........................	160	»	(19) 98 pour les unités de zouaves stationnées en France.

(20) 118 pour les unités de zouaves stationnées en France.
Chaque compagnie peut recevoir, en sus de cet effectif, des hommes du service auxiliaire en nombre variable suivant les ressources du recrutement.

— 15 —

Nota. — Lorsque les bataillons sont séparés, il peut être pourvu, d'après les ordres du Ministre, à l'emploi ci-après :

Capitaine-major..	1
Sergent secrétaire de l'adjoint au trésorier........................	1
Caporal secrétaire du capitaine-major............................	1
Caporal d'infirmerie..	1
Soldat secrétaire de l'adjoint au trésorier..........................	1

Composition d'un régiment de tirailleurs indigènes à nombre variable de bataillons de 4 compagnies, plus une compagnie de dépôt.

TABLEAU N° 4.

CADRES.	HOMMES.	CHEVAUX.	OBSERVATIONS.
I. — Officiers.			
Etat-major du régiment.			
Colonel	1	2	
Lieutenants-colonels	(1) 1	(1) 2	(1) Deux lieutenants-colonels et 4 chevaux dans les régiments comptant plus de 3 bataillons.
Major	1	1	
Capitaine adjoint au colonel	1	1	
Capitaine trésorier	1	»	
Capitaine chargé du matériel	1	»	
Lieutenant adjoint au trésorier	1	»	
Lieutenant adjoint au capitaine chargé du matériel, faisant fonctions d'officier d'approvisionnement	1	»	
Médecins (2)	»	»	(2) Nombre fixé par décision ministérielle.
TOTAL	8	6	
Cadre supplémentaire.			(3) Dont deux indigènes.
Chefs de bataillon	2	2	
Capitaines	(3) 6	6	
TOTAL	8	8	
Etat-major de bataillon.			
Chef de bataillon	1	1	
Capitaine adjudant-major	1	1	
TOTAL	2	2	
Une compagnie.			
Capitaine	1	1	
Lieutenants ou sous-lieutenants français	2	»	
Lieutenant ou sous-lieutenant indigène	1	»	
TOTAL	4	1	

CADRES.	HOMMES.	CHEVAUX.	OBSERVATIONS.
Une compagnie de dépôt.			(4) Répartis, en principe, dans les unités, en sus du cadre normal, pour y faire le service.
Capitaine	1	1	
Lieutenants ou sous-lieutenants français	4	»	(5) 1 par bataillon.
Lieutenants ou sous-lieutenants indigènes	2	»	
TOTAL	7	1	(6) Peut être sergent, puis sergent-major et adjudant. L'organisation des musiques et fanfares fait l'objet d'une loi spéciale.
II. — Troupe.			
a) _Compagnie hors rang._			(7) Peut être nommé sergent-major après quatre ans de grade de sous-officier et adjudant après six ans passés dans l'emploi de sergent-major.
Cadre supplémentaire de sous-officiers { Adjudants-chefs (4)	3	»	
Adjudants (4)	3	»	
Adjudant-chef de bataillon (5)	»	»	
Adjudant-chef chargé du casernement	1	»	(8) Peut être sergent (proportion à fixer par le Ministre).
Adjudant-chef à la disposition du capitaine chargé du matériel	1	»	
Adjudant maître armurier	1	»	(9) Peut recevoir l'assimilation au grade de sous-officier, avec rang de sergent, lorsqu'il a accompli, comme caporal, le temps de service exigé par la loi.
Maître d'escrime (adjudant ou sergent)	1	»	
Sergent-major vaguemestre	1	»	
Clairon-major, chef de fanfare (6)	1	»	
Sergent-major	1	»	
Sergents... { Secrétaire du colonel (7)	1	»	
Secrétaire du major (7)	1	»	
Secrétaire du trésorier (7)	1	»	
Secrétaire du capitaine chargé du matériel (7)	1	»	
Secrétaire de la commission des ordinaires	1	»	
Garde-magasin (7)	1	»	
Chargé des équipages et des écuries	1	»	
Chargé de l'infirmerie	1	»	
Caporaux.. { Secrétaire du trésorier	1	»	
Secrétaire du capitaine chargé du matériel	1	»	
Sapeur	1	»	
Armurier (8)	1	»	
Moniteur d'escrime	1	»	
Clairons ou tambours (5)	1	»	
Maître ouvrier tailleur (9)	1	»	
Maître ouvrier cordonnier (9)	1	»	

CADRES.	HOMMES.	CHEVAUX.
II. — Troupe (*Suite*).		
Soldats.. { Secrétaires du colonel (10).............	2	»
Secrétaires du major.....................	2	»
Secrétaire du trésorier..................	1	»
Secrétaires du capitaine chargé du matériel.	2	»
Cyclistes (11)...........................	»	»
Gardes-magasins (12)....................	4	»
Sapeurs ouvriers d'art (13)..............	12	»
Ouvriers armuriers (14).................	6	»
Ouvriers tailleurs (12)..................	6	»
Ouvriers cordonniers (12)...............	6	»
Infirmiers (15).........................	»	»
Clairons musiciens (16).................	»	»
Un conducteur par voiture à un cheval et par mulet de bât.......................	»	(17) »

b) *Une compagnie.*	FRANÇAIS.	INDIGÈNES	FRANÇAIS ou INDIGÈNES
Adjudant................................	1	»	»
Sergent-major..........................	1	»	»
Sergent fourrier (18)...................	1	»	»
Sergents...............................	4	4	»
Caporaux..............................	4	8	»
Tambours ou clairons...................	»	»	3
Soldats (dont 8 sapeurs pionniers).......	»	»	149
	11	12	152
TOTAL......................		175	

OBSERVATIONS.

(10) Dont 1 chargé de la presse. Tous les soldats secrétaires non mobilisés sont, autant que possible, du service auxiliaire.

(11) Nombre variable suivant les besoins locaux; ne pourra dépasser 4 pour 3 bataillons. Ce nombre pourra être augmenté de 1 pour chaque bataillon au-dessus de 3.

(12) En principe, du service auxiliaire.

(13) En cas de partage du régiment, les sapeurs ouvriers d'art sont répartis par le colonel entre les détachements.

(14) Dont 3 du service auxiliaire.

(15) 1 infirmier du service armé et 1 du service auxiliaire par bataillon. Un des infirmiers du service armé peut être caporal.

(16) L'organisation des musiques et fanfares fait l'objet d'une loi spéciale.

(17) 4 chevaux ou mulets par section de mitrailleuses, 1 cheval par bataillon. (Dotation pouvant être modifiée par décision ministérielle.)

(18) Les emplois de sergent fourrier de compagnie peuvent être tenus par des caporaux fourriers.

c) *Compagnie de dépôt.*	FRANÇAIS.	INDIGÈNES	FRANÇAIS ou INDIGÈNES
Adjudant................................	1	»	»
Sergent-major..........................	1	»	»
Sergent fourrier (18)...................	1	»	»
Sergents...............................	4	8	»
Caporaux..............................	(19) 9	16	»
Tambours ou clairons...................	»	»	4
Soldats (20)............................	»	»	»

(19) Dont 1 adjoint au fourrier

(20) Effectif indéterminé.

NOTA. — Lorsque les bataillons sont séparés, il peut être pourvu, d'après les ordres du Ministre, aux emplois ci-après :

Capitaine-major........................	1
Sergent secrétaire de l'adjoint au trésorier........................	1
Caporal secrétaire du capitaine-major........................	1
Caporal d'infirmerie........................	1
Soldat secrétaire de l'adjoint au trésorier........................	1

Composition d'un régiment étranger à nombre variable de bataillons de 4 compagnies normales et à nombre variable de compagnies montées et de sections de mitrailleuses, plus 2 compagnies de dépôt, un petit dépôt et une compagnie hors rang.

CADRES.	HOMMES.	CHEVAUX.	OBSERVATIONS.
I. — Officiers.			(1) Nombre fixé par décision ministérielle.
Etat-major du régiment.			(2) L'organisation des musiques et fanfares fait l'objet d'une loi spéciale.
Colonel	1	2	(3) Destiné à combler les vacances d'une certaine durée (congés de convalescence, hôpitaux, relève).
Lieutenants-colonels	2	4	(4). Dans les bataillons détachés.
Major	1	1	
Capitaine adjoint au colonel	1	1	
Capitaine trésorier	1	»	
Capitaine chargé du matériel	1	»	
Lieutenant adjoint au trésorier	1	»	
Lieutenant adjoint au capitaine chargé du matériel, faisant fonctions d'officier d'approvisionnement	1	»	
Médecins (1)	»	»	
Chef de musique (2)	»	»	
TOTAL	9	8	
Cadre supplémentaire (3).			
Chefs de bataillon	2	2	
Capitaines	8	8	
Lieutenants	12	»	
TOTAL	22	10	
Etat-major du bataillon ou du dépôt.			
Chef de bataillon	1	1	
Capitaine adjudant-major	1	1	
Lieutenant d'approvisionnement (4)	1	1	
TOTAL	2 ou 3	2 ou 3	
Une compagnie normale.			(5) Un lieutenant d'une des compagnies de dépôt est détaché pour commander le petit dépôt du corps.
Capitaine	1	1	
Lieutenants ou sous-lieutenants	2	»	
TOTAL	3	1	
Une compagnie montée.			(6) Dans les sections de mitrailleuses demeurées à la portion centrale, le lieutenant n'est pas monté.
Capitaine	1	1	
Lieutenants	2	2	
TOTAL	3	3	
Une compagnie de dépôt.			(7) Destiné à combler les vacances d'une certaine durée (congés de convalescence, hôpitaux relève).
Capitaine	1	1	
Lieutenants ou sous-lieutenants (5)	3	»	
TOTAL	4	1	
Une section de mitrailleuses.			
Lieutenant	1	(6) 1	
II. — Troupe			
a) Compagnie hors rang.			
Cadre supplémentaire (7). Adjudants-chefs	6	»	
Adjudants	6	»	
Sergents-majors	6	»	
Sergents	25	»	
Fourriers	6	»	
Caporaux	50	»	

CADRES.	HOMMES.	CHEVAUX.
II. — Troupe (*suite*).		
a) *Compagnie hors rang* (suite).		
Adjudants-chefs de bataillon (8)	»	»
Adjudant-chef chargé du casernement	1	»
Adjudant-chef adjoint au capitaine chargé du matériel	1	»
Maître d'escrime (adjudant ou sergent)	1	»
Adjudant-maître armurier	1	»
Sous-chef de musique (2)	»	»
Sergent-major vaguemestre	1	»
Tambour-major (9)	1	»
Sergent-major de la compagnie hors rang	1	»
Sergents. { Secrétaire du colonel (10)	1	»
Secrétaire du major (10)	1	»
Secrétaires du trésorier (11)	3	»
Secrétaire du capitaine chargé du matériel (10)	1	»
Secrétaire de la commission des ordinaires	1	»
Garde-magasin (10)	1	»
Chargé des équipages et des écuries	1	»
Chargé de l'infirmerie	1	»
Caporaux. { Secrétaire du major	1	»
Secrétaires du trésorier	3	»
Secrétaire du capitaine chargé du matériel	1	»
Secrétaire de l'armement	1	»
Adjoint au garde-magasin	1	»
Sapeur	1	»
Armurier (12)	1	»
Moniteur d'escrime	1	»
Tambours ou clairons (13)	»	»
Maître ouvrier tailleur (14)	1	»
Maître ouvrier cordonnier (14)	1	»

Observations.

(8) 1 par bataillon, 1 au dépôt.

(9) Peut être sergent, puis sergent-major et adjudant.

(10) Peut être nommé sergent-major après 4 ans de grade de sous-officier et adjudant après 6 ans passés dans l'emploi de sergent-major.

(11) L'un des secrétaires du trésorier peut être nommé sergent-major après 4 ans de grade de sous-officier et adjudant après 6 ans passés dans l'emploi de sergent-major.

(12) Peut être sergent (proportion à fixer par le Ministre).

(13) 1 par bataillon.

(14) Peut recevoir l'assimilation au grade de sous-officier, avec rang de sergent, lorsqu'il a accompli, comme caporal, le temps de service exigé par la loi.

CADRES.	HOMMES.	CHEVAUX.
Soldats. { Secrétaires du colonel (15)	2	»
Secrétaires du major	2	»
Secrétaires du trésorier	6	»
Secrétaire du capitaine chargé du matériel	1	»
Secrétaire de l'armement	1	»
Secrétaire du casernement	1	»
Cyclistes (16)	»	»
Gardes-magasins	4	»
Sapeurs ouvriers d'art	12	»
Ouvriers armuriers	6	»
Ouvriers tailleurs	6	»
Ouvriers cordonniers	6	»
Infirmiers (17)	»	»
Musiciens	»	»
Un conducteur par voiture à un cheval et par mulet de bât (18)	»	»

Observations.

(15) Dont 1 chargé de la presse.

(16) Nombre variable suivant les besoins locaux ; ne pourra dépasser 4 pour 3 bataillons. Ce nombre pourra être augmenté de 1 pour chaque bataillon au-dessus de 3.

(17) 2 infirmiers par bataillon ; 1 de ces infirmiers par régiment pourra être caporal.

(18) 1 cheval par bataillon (dotation pouvant être modifiée par décision ministérielle).

CADRES.	HOMMES.	CHEVAUX ou mulets.	OBSERVATIONS.
II. — Troupe (*suite*).			
b) Une compagnie normale.			
Adjudant-chef.	1	»	
Adjudant.	1	»	
Sergent-major.	1	»	(19) Le nombre des caporaux est de 12 quand l'effectif de la compagnie est inférieur à 200, de 16 quand cet effectif atteint ou dépasse 200.
Sergents.	8	»	
Sergent fourrier.	1	»	
Caporal fourrier.	1	»	(20) Dont 2 fifres.
Caporaux.	(19) 16	»	
Tambours.	2	»	
Clairons.	2	»	
Soldats.	(20) 217	»	
Total	250	»	
c) Une compagnie montée.			
(Rattachée pour ordre à un bataillon ou au dépôt.)			
Adjudants-chefs.	2	»	
Adjudant.	1	»	(21) A raison de 1 par gradé et 1 pour 2 hommes.
Sergent-major.	1	»	
Sergents.	9	»	
Sergent fourrier.	1	»	
Caporal fourrier.	1	»	
Caporaux.	16	»	(22) Nombre variable à raison de 1 par 30 hommes.
Clairons.	4	»	
Soldats.	224	»	
Mulets.	»	(21) 145	(23) Nombre variable à raison de 1 par 250 hommes ou fraction de 250 hommes.
Total	259	145	
d) Une compagnie de dépôt.			
Adjudant-chef.	1	»	(24) Nombre variable à raison de 1 par 15 hommes.
Adjudant.	1	»	
Sergent-major.	1	»	
Sergents (22).	»	»	
Sergent fourrier.	1	»	
Caporal fourrier (23).	»	»	
Caporaux (24).	»	»	
Tambours.	2	»	

CADRES.	HOMMES.	CHEVAUX ou mulets.	OBSERVATIONS.
Clairons.	2	»	(25) La composition du petit dépôt peut être modifiée par décision ministérielle.
Soldat.	»	»	
e) Un petit dépôt (25).			
Adjudant.	1	»	(26) 3 pour les sections de mitrailleuses demeurées à la portion centrale.
Sergents.	2	»	
Caporaux.	3	»	
f) Une section de mitrailleuses.			(27) 15 pour les sections de mitrailleuses demeurées à la portion centrale.
Sergent.	1	»	
Caporaux.	(26) 4	»	
Soldats.	(27) 28	»	(28) 4 pour les sections de mitrailleuses demeurées à la portion centrale.
Mulets.	»	(28) 15	
Total	33	15	

Compagnie de discipline de la légion étrangère à trois sections (spéciale ordinaire, de répression, de transition).

CADRES.	HOMMES.	CHEVAUX.	OBSERVATIONS.
Officiers.			
Capitaine.	1	1	
Lieutenants.	3	»	
II. — Troupe.			
Chaque section a la composition des sections métropolitaines (cadres prévus par le décret du 4 août 1910).			

Composition d'un bataillon d'infanterie légère d'Afrique à nombre variable de compagnies. TABLEAU N° 6.

CADRES.	HOMMES.	CHEVAUX.	OBSERVATIONS.
Officiers.			
État-major du bataillon.			
Chef de bataillon commandant	1	2	
Capitaine adjudant-major	1	1	
Capitaine-major	1	»	
Lieutenant chargé des services du matériel	1	»	
Lieutenant trésorier	1	»	
Médecins (1)	»	»	
Total	5	3	(1) Le nombre des médecins est fixé par décision ministérielle.
Une compagnie.			
Capitaine	1	1	
Lieutenants ou sous-lieutenants	3	»	
Total	4	1	
II. — Troupe.			
a) Section hors rang.			
Cadre supplémentaire de sous-officiers — Adjudants-chefs (2)	2	»	(2) Répartis, en principe, dans les compagnies, en sus du cadre normal, pour y faire le service.
Cadre supplémentaire de sous-officiers — Adjudant (2)	1	»	
Adjudant maître armurier	1	»	
Adjudant-chef de bataillon (3)	1	»	(3) Chargé du casernement.
Clairon-major, chef de fanfare (4)	1	»	(4) Peut être sergent, puis sergent-major et adjudant. L'organisation des musiques et fanfares fait l'objet d'une loi spéciale.
Sergents — Fourrier (5)	1	»	(5) Peut être nommé sergent-major après quatre ans de grade de sous-officier.
Sergents — Secrétaire du chef de corps (6)	1	»	(6) Peut être nommé sergent-major après quatre ans de grade de sous-officier et adjudant après six ans passés dans l'emploi de sergent-major.
Sergents — Secrétaire du trésorier (6)	1	»	
Sergents — Garde-magasin et secrétaire de l'officier chargé du matériel (6)	1	»	
Sergents — Secrétaire de la commission des ordinaires.			
Sergents — Vaguemestre	1	»	
Caporaux — Armurier (7)	1	»	(7) Peut être sergent (proportion à fixer par le Ministre).
Caporaux — Secrétaire du major	1	»	
Caporaux — Secrétaire du trésorier	1	»	
Caporaux — Clairon	1	»	
Caporaux — Chargé des équipages	1	»	
Caporaux — Chargé de l'infirmerie	1	»	
Caporaux — Maître ouvrier tailleur (8)	1	»	(8) Peut recevoir l'assimilation au grade de sous-officier, avec rang de sergent, lorsqu'il a accompli, comme caporal, le temps de service exigé par la loi.
Caporaux — Maître ouvrier cordonnier (8)	1	»	
Caporaux — Secrétaires du chef de corps (9)	2	»	(9) Dont 1 chargé de la presse.
Caporaux — Secrétaires du major	2	»	
Caporaux — Secrétaire du trésorier	1	»	
Chasseurs — Secrétaires de l'officier chargé des services du matériel	2	»	
Chasseurs — Ouvriers — Armuriers	3	»	(10) 4 chevaux ou mulets par section de mitrailleuses, 2 chevaux pour le bataillon. (Dotation pouvant être modifiée par décision ministérielle.)
Chasseurs — Ouvriers — Tailleurs	3	»	
Chasseurs — Ouvriers — Cordonniers	3	»	
Chasseurs — Sapeurs ouvriers d'art	8	»	
Chasseurs — Un conducteur par voiture à un cheval ou par mulet de bât	»	(10) »	
b) Une compagnie.			
Adjudant	1	»	(11) L'emploi de sergent fourrier de compagnie peut être exceptionnellement tenu par un caporal fourrier.
Sergent-major	1	»	
Sergent fourrier (11)	1	»	
Sergents (12)	9	»	(12) Ces chiffres servent de base aux prévisions budgétaires. Les commandants de bataillon peuvent modifier la répartition des sergents et des caporaux entre les compagnies suivant les besoins du service et les instructions ministérielles.
Caporaux (12)	6	»	
Clairons	3	»	
Soldats (dont 8 sapeurs pionniers)	Effectif indéterminé	»	

CADRES.	HOMMES.	CHEVAUX.	OBSERVATIONS.
I. —Officiers.			
Etat-major du régiment.			(1) Nombre fixé par décision ministérielle.
Colonel.	1	2	
Lieutenant-colonel.	1	2	
Chefs de bataillon.	2	2	
Major ingénieur ou major exclusivement (en aucun cas il ne pourra y avoir deux ingénieurs revêtus en même temps du grade d'officier supérieur).	1	1	
Ingénieur du grade de capitaine ou de chef de bataillon..	1	1	
Ingénieur adjoint du grade de lieutenant ou de capitaine (facultatif).	1	»	
Capitaines adjudants-majors.	2	2	
Capitaine instructeur.	1	1	
Capitaine trésorier (en activité ou maintenu au corps en cet emploi spécial, après son admission à la retraite, jusqu'à une limite d'âge maximum de 60 ans).	1	»	
Capitaine d'habillement (en activité ou maintenu au corps dans cet emploi spécial, après son admission à la retraite, jusqu'à une limite d'âge maximum de 60 ans)..	1	»	
Lieutenant adjoint au trésorier.	1	»	
Un seul capitaine peut, selon les circonstances, être appelé à remplir les deux fonctions de capitaine trésorier et de capitaine d'habillement.	»	»	
Médecins (1).	»	»	
TOTAL.	13	11	
Douze compagnies.			
Capitaines.	12	»	
Lieutenants ou sous-lieutenants.	24	»	
TOTAL.	36	»	

CADRES.	HOMMES.	CHEVAUX.	OBSERVATIONS.
II. — Troupe.			
Compagnie hors rang.			
Adjudants-chefs (2).	2	»	(2) Sont affectés, en principe, à des compagnies, en sus du cadre normal, pour y faire le service.
Adjudants-chefs de bataillon.	2	»	
Adjudants.. { Garde-magasin.	1	»	
Chef des ateliers.	1	»	
Maître armurier.	1	»	
Chef télégraphiste (adjudant, sergent-major ou sergent).	1	»	(3) Peut être nommé sergent-major après quatre ans de grade de sous-officier et adjudant après six ans passés dans l'emploi de sergent-major.
Secrétaire de l'ingénieur (adjudant, sergent-major ou sergent).	1	»	
Sous-chef d'atelier (adjudant, sergent-major ou sergent).	1	»	
Sous-officiers. { Dessinateur (adjudant, sergent-major ou sergent).	1	»	
De casernement (adjudant, sergent-major ou sergent).	1	»	
De canalisation (adjudant, sergent-major ou sergent).	1	»	
Instructeur des conducteurs d'automobiles (adjudant, sergent-major ou sergent).	1	»	
Sous-chef mécanicien visiteur (sergent-major ou sergent).	1	»	
Adjudant (ou sergent) chef des ouvriers électriciens.	1	»	
Sergents... { Secrétaire du colonel (3).	1	»	
Clairon.	1	»	
1ᵉʳ secrétaire du trésorier (3).	1	»	
Secrétaire de l'officier d'habillement (3).	1	»	
Adjoint au sous-officier de canalisation.	1	»	
D'infirmerie.	1	»	
Caporaux.. { 2ᵉ secrétaire du trésorier.	1	»	
Clairons.	2	»	
Mécaniciens-visiteurs.	2	»	
TOTAL de la compagnie hors rang.	27	»	

CADRES.	HOMMES.	CHEVAUX.	OBSERVATIONS.
II. — Troupe (*suite*).			(4) Tous rengagés.
Douze compagnies.			
Adjudants. . . .	24	»	
Sergents-majors. . . .	12	»	
Sergents.. . . .	120	»	
Sergents fourriers. . . .	12	»	
Caporaux de 1re classe.	144	»	
Caporaux de 2e classe.	144	»	
Sapeurs de 1re classe.	240	»	
Sapeurs de 2e classe.	949	»	
Clairons. . . .	36	»	
TOTAL des compagnies.	1,681	»	
Service spécial de sauvetage.			
Sous-officiers (dont 1 adjudant instructeur).	13	»	
Caporaux (dont 1 secrétaire) (4).	25	»	
Sapeurs (dont 2 magasiniers (4).	62	»	
TOTAL du service spécial.	100	»	

État-Major particulier de l'infanterie TABLEAU N° 8.

Colonels.	5
Lieutenants-colonels.	6
Chefs de bataillon.	30
Capitaines.	120
Lieutenants.	150

Vu pour être annexé à la loi du 23 décembre 1912, délibérée et adoptée par le Sénat et par la Chambre des députés.

Le *Président de la République,*
A. FALLIÈRES.

Par le Président de la République :
Le Ministre de la guerre,
A. MILLERAND.

PORTANT CRÉATION DE NOUVEAUX CORPS DE TROUPE

Instruction pour l'application de la loi des cadres de l'infanterie du 23 décembre 1912 en ce qui concerne les opérations à effectuer à la date du 15 avril 1913.

Paris, le 15 mars 1913.

I. — Constitution des nouveaux régiments.

1° *Régiments d'infanterie.* — Les dix nouveaux régiments d'infanterie formés avec les bataillons qui entrent actuellement dans la composition des troupes de forteresse seront numérotés de 164 à 173.

Ils seront constitués conformément au tableau ci-dessous :

NUMÉROS des RÉGIMENTS.	GARNISONS	ANCIENNE FORMATION supprimée.	NUMÉROS DES BATAILLONS DES NOUVEAUX RÉGIMENTS.		
164e (4 bataillons).	Verdun.	1er groupe de forteresse de Verdun.	1er bataillon : 4e bataillon du	91e	
			2e — 4e —	94e	
			3e — 4e —	161e	
			4e — 4e —	162e	
165e (4 bataillons).	Verdun.	2e groupe de forteresse de Verdun.	1er bataillon : 4e bataillon du	106e	
			2e — 4e —	147e	
			3e — 4e —	148e	
			4e — 4e —	145e	
166e (4 bataillons).	Verdun.	3e groupe de forteresse de Verdun.	1er bataillon : 4e bataillon du	132e	
			2e — 4e —	150e	
			3e — 4e —	151e	
			4e — 4e —	154e	
167e (3 bataillons).	Toul.	1er groupe de forteresse de Toul.	1er bataillon : 4e bataillon du	26e	
			2e — 4e —	37e	
			3e — 4e —	146e	
168e (3 bataillons).	Toul.	2e groupe de forteresse de Toul.	1er bataillon : 4e bataillon du	69e	
			2e — 4e —	155e	
			3e — 4e —	160e	

NUMÉROS des RÉGIMENTS.	GARNISONS	ANCIENNE FORMATION supprimée.	NUMÉROS DES BATAILLONS DES NOUVEAUX RÉGIMENTS.		
169e (3 bataillons).	Toul.	3e groupe de forteresse de Toul.	1er bataillon : 4e bataillon du	—	79e
			2e — 4e	—	156e
			3e — 4e	—	153e
170e (4 bataillons).	Epinal.	Groupe de forteresse d'Epinal.	1er bataillon : 4e bataillon du	—	21e
			2e — 4e	—	149e
			3e — 4e	—	44e
			4e — 4e	—	60e
171e (3 bataillons).	Belfort.	1er groupe de forteresse de Belfort.	1er bataillon : 4e bataillon du	—	35e
			2e — 4e	—	42e
			3e — 4e	—	152e
172e (3 bataillons).	Belfort.	2e groupe de forteresse de de Belfort.	1er bataillon : 4e bataillon du	—	23e
			2e — 4e	—	133e
			3e — 4e	—	109e
173e (4 bataillons).	Nice.	Groupe de forteresse de Nice.	1er bataillon : 4e bataillon du	—	8e
			2e — 4e	—	111e
			3e — 4e	—	112e
			4e — 4e	—	141e

2° *Régiments de tirailleurs*. — Cinq nouveaux régiments de tirailleurs seront formés le 15 avril 1913; le 9e bataillon du 2e tirailleurs sera également constitué à la même date.

La situation des neuf régiments de tirailleurs, à la date du 15 avril 1913, est indiquée par le tableau ci-dessous :

NUMÉROS DES RÉGIMENTS.	GARNISONS.	BATAILLONS.
1er rég. de tirailleurs (3 bataillons).	Division d'Alger.	3e bataillon actuel. 4e — 8e —
2e rég. de tirailleurs (5 bataillons).	Division d'Oran.	1er bataillon actuel. 3e — 5e — 8e — 9e —
3e rég. de tirailleurs (4 bataillons).	Division de Constantine.	2e bataillon actuel. 3e — 5e — 8e —

NUMÉROS DES RÉGIMENTS.	GARNISONS.	BATAILLONS.
4° rég. de tirailleurs (6 bataillons).	Division de Tunisie.	1er bataillon actuel. 2° — 3° — 5° — 11° — 12° —
5° rég. de tirailleurs. (3 bataillons).	Maroc occidental.	2e bataill. du 1er régim. de tirailleurs. 6° — — 7° — —
6° rég. de tirailleurs (4 bataillons).	Maroc oriental.	2° bataill. du 2e régim. de tirailleurs. 4° — — 6° — — 7e — —
7° rég. de tirailleurs (4 bataillons).	Maroc occidental.	1er bataill. du 3° régim. de tirailleurs. 4° — — 6° — — 7° — —
8° rég. de tirailleurs. (6 bataillons)	Maroc occidental.	4° bataill. du 4° régim. de tirailleurs 6° — — 7° — — 8° — — 9° — — 10e — —
9e rég. de tirailleurs (2 bataillons).	Maroc oriental.	1er bataill. du 1er régim. de tirailleurs. 5e — —

Les compagnies de dépôt des cinq nouveaux régiments de tirailleurs seront organisées en Algérie auprès des compagnies de dépôt des régiments origines correspondants.

Les portions centrales desdits régiments seront provisoirement placées auprès des portions centrales des régiments anciens correspondants ; elles seront ultérieurement transférées au Maroc.

3° *Etats-majors des régiments des nouvelles formations*. — Les états-majors de ces régiments (dix d'infanterie, cinq de tirailleurs) seront désignés dans le mouvement de promotions et de mutations du 25 mars.

Les chefs de corps, majors, capitaines trésoriers, capitaines chargés du matériel, devront avoir rejoint leurs nouveaux postes le 10 avril au plus tard, afin de pouvoir préparer la formation de ces corps.

Toutefois, les officiers désignés pour les nouveaux régiments de tirailleurs et rejoignant leurs corps en *Algérie* (majors, capitaines trésoriers, capitaines chargés du matériel) s'embarqueront à Marseille ou à Port-Vendres le 10 avril ou par le premier paquebot après cette date, s'il n'en part pas le 10.

Les officiers (colonels, lieutenants-colonels, lieutenants adjoints au trésorier, officiers d'approvisionnement) des mêmes régiments devant rejoindre leurs corps au *Maroc* s'embarqueront également à partir du 10 avril, à Marseille ou à Port-Vendres, pour Oran (6e et 9e tirailleurs), à Marseille ou à Bordeaux, pour Casablanca (5e, 7e et 8e tirailleurs). D'Oran et de Casablanca, ces officiers seront dirigés sur leurs postes définitifs par les soins du général commandant la division d'Oran (après entente avec le général commandant les troupes du Maroc oriental) et du général commandant les troupes du Maroc occidental.

En ce qui concerne les officiers faisant mutation d'*Algérie-Tunisie* au *Maroc*, et réciproquement, leur mise en route sera réglée dans des conditions analogues, soit par les généraux commandant le 19e corps d'armée et la division de Tunisie, soit par les généraux commandant les troupes du Maroc occidental et du Maroc oriental.

Le personnel médical sera désigné en temps utile par le Ministre (7e Direction).

4° *Unités hors rang des régiments de nouvelle formation.* — Les unités hors rang des régiments de nouvelle formation (infanterie et tirailleurs) seront constituées dès le 15 avril 1913, suivant le type de la nouvelle loi, conformément aux indications des tableaux 1 et 4, annexés à ladite loi, sous les réserves suivantes :

Si les ressources sont insuffisantes, il pourra n'être pourvu à tous les emplois prévus par la loi, que dans le délai d'un an; en outre, il ne sera créé, le 15 avril 1913, dans ces régiments, aucun emploi nouveau d'adjudant-chef du cadre complémentaire et aucun emploi d'adjudant du cadre complémentaire, ni d'adjudant chef de bataillon.

Si la situation des groupes de bataillon de forteresse ne permettait pas d'y trouver les éléments nécessaires à la constitution des unités hors rang des nouveaux régiments d'infanterie, les commandants de corps d'armée sur les territoires desquels ces corps seront constitués pourront pourvoir aux divers emplois prévus par la loi en utilisant les ressources de l'ensemble des régiments d'infanterie placés sous leur commandement. Ils feront, en conséquence, les nominations ou mutations nécessaires de manière à assurer l'organisation de ces nouvelles formations au mieux de l'intérêt général et à répartir entre tous les corps d'infanterie sous leurs ordres les avantages d'avancement qui doivent résulter pour les sous-officiers de ces créations.

En ce qui concerne les cinq régiments de tirailleurs créés au Maroc, il appartiendra aux autorités militaires sous les ordres desquelles ils seront placés, de prendre, de concert soit avec le général commandant le 19ᵉ corps d'armée, soit avec le général commandant la division d'occupation de Tunisie, les mesures nécessaires pour assurer la constitution des unités hors rang et des cadres des compagnies de dépôt de ces nouveaux corps en utilisant les ressources des régiments de tirailleurs déjà existants.

Le commandement de la compagnie hors rang de ces quinze nouveaux régiments sera (en attendant la création de l'emploi de capitaine adjoint au chef de corps) exercé provisoirement par le capitaine chargé du matériel.

Les adjudants maîtres armuriers, les maîtres d'escrime, les maîtres ouvriers tailleurs et maîtres ouvriers cordonniers seront nommés ou désignés en temps utile par le Ministre (3ᵉ, 1ʳᵉ et 5ᵉ Directions).

L'organisation des musiques et fanfares faisant l'objet d'un projet de loi actuellement soumis au Parlement, il ne sera pas constitué de musiques ni de fanfares dans les régiments de nouvelle formation (infanterie et tirailleurs).

5° *Unités des régiments de nouvelle formation.* — Les cadres intérieurs des compagnies déjà existantes entrant dans la composition de ces régiments ne subiront, jusqu'à nouvel ordre, aucune modification, sauf les exceptions prévues par la présente instruction.

6° *Instructions administratives.* — Les instructions nécessaires à l'existence administrative de ces corps dès le 15 avril, à l'aménagement de leurs casernements et à la constitution de leurs approvisionnements seront adressées en temps utile aux commandants de corps d'armée par le Ministre sous les timbres 3ᵉ, 4ᵉ, 5ᵉ et 7ᵉ Directions.

7° *Constitution du 9e bataillon du 2e régiment de tirailleur.* — Les cadres officiers de ce bataillon seront désignés dans le mouvement de promotions et de mutations du 25 mars 1913.

II. — Modifications à la constitution des corps déjà existants.

Créations ou suppressions d'unité.

Compagnie de dépôt des régiments de zouaves. — Les compagnies de dépôt stationnées en Algérie et Tunisie seront supprimées le 15 avril 1913.

Les cadres officiers de ces unités recevront une nouvelle affectation dans le mouvement de mutations du 25 mars.

Les cadres sous-officiers et caporaux, ainsi que les soldats de ces unités, seront répartis par les soins des chefs de corps entre les diverses unités du régiment.

Compagnies de dépôt des 1er, 2e, 3e et 4e régiments de tirailleurs. — La transformation de ces compagnies de dépôt (augmentation de leurs cadres) sera effectuée le 15 avril 1913.

Sections spéciales des régiments de tirailleurs. — Il sera constitué, le 15 avril 1913, dans chacun des neuf régiments de tirailleurs, une section spéciale indépendante des autres unités.

MM. les généraux commandant le 19e corps d'armée, la division d'occupation de Tunisie, les troupes du Maroc occidental, les troupes du Maroc oriental, prendront à cet effet les mesures nécessaires. Ils désigneront un officier de chacun de ces régiments pour exercer provisoirement le commandement de leur section spéciale.

III. — Officiers.

Création ou suppressions d'emplois.

1° CRÉATIONS. — Il sera pourvu par voie de promotions ou mutations, dans le mouvement du 25 mars 1913, aux emplois d'officiers ci-après désignés :

Etats-majors des dix régiments d'infanterie et des cinq régiments de tirailleurs de nouvelle formation. — Il ne sera pas attribué de cadres complémentaires aux dix régiments d'infanterie, mais les cinq régiments de tirailleurs recevront la moitié de leur cadre supplémentaire.

Remplacement dans les cadres complémentaires de certains régiments d'infanterie des cadres employés (chefs de bataillon et capitaines) à la constitution de deux bataillons du 4e tirailleurs non encore remplacés.

2es lieutenants-colonels des 97e, 157e, 158e, 164e, 169e, 170e, 171e et 173e régiments d'infanterie.

Cadres des compagnies de dépôt des cinq régiments de tirailleurs et, éventuellement, augmentation des cadres des compagnies de dépôt des quatre régiments de tirailleurs existants.

Moitié des cadres supplémentaires des régiments de tirailleurs déjà existants et nouvellement créés.

Moitié des cadres supplémentaires des deux régiments étrangers.

Cadres officiers du 9e bataillon du 2e régiment de tirailleurs (de nouvelle formation).

2° Suppressions. — Les emplois de lieutenant du cadre complémentaire seront supprimés le 15 avril 1913. Les lieutenants qui comptent encore dans ces cadres seront placés dans les compagnies; ils recevront, à cet effet, dans le mouvement du 25 mars, une nouvelle affectation par les soins du Ministre (1re Direction).

IV. — Sous-officiers.

Créations d'emplois de sous-officiers.

Il sera pourvu, le 15 avril 1913, par les soins des commandants de corps d'armée ou des chefs de corps intéressés, aux emplois de sous-officiers ci-après indiqués :

Cadres sous-officiers des unités hors rang des quinze régiments nouveaux (infanterie et tirailleurs) dans les conditions et sous les réserves formulées ci-dessus.

Cadres sous-officiers des compagnies de dépôt des cinq régiments de tirailleurs créés.

Augmentation des cadres sous-officiers des compagnies de dépôt des 1er, 2e, 3e et 4e régiments de tirailleurs.

Création des deux emplois d'adjudants-chefs comptables (adjudant-chef de casernement, adjudant-chef à la disposition du capitaine chargé du matériel) dans tous les régiments, conformément aux indications des tableaux annexés à la loi. Des ordres ultérieurs seront incessamment donnés au sujet de la nomination des autres catégories d'adjudants-chefs; en attendant, l'effectif des *adjudants-chefs du cadre complémentaire* de chaque corps restera limité au nombre fixé par l'instruction du 24 mai 1912 (*B. O.*, P. P., 1912, p. 795 et suivantes).

Cadres des sergents de compagnie des régiments régionaux renforcés portés de quatre à six.

Cadres des sergents de compagnie des régiments subdivisionnaires renforcés portés de six à sept.

Cadres des sergents des compagnies des bataillons de forteresse renforcés de Manonvillers et des Hauts-de-Meuse portés de quatre à sept.

Cadres des sergents de compagnie des bataillons de chasseurs à pied portés de six à sept.

Cadre des sergents français des compagnies des régiments de tirailleurs porté de deux à quatre (pour mémoire).

Cadre des sergents de compagnie des zouaves d'Afrique porté de cinq à sept.

Cadre des sergents de compagnie des bataillons d'infanterie légère d'Afrique porté de six à neuf.

Cadre des sergents de compagnie de la légion étrangère porté de cinq à huit (cinq à neuf dans les compagnies montées).

Cadre sous-officiers du 9e bataillon du 2e régiment de tirailleurs de nouvelle formation.

Les créations d'emplois de sous-officiers énumérées ci-dessus doivent être considérées comme un maximum qui ne pourra vraisemblablement pas être atteint dès le 15 avril 1913.

Les autorités militaires intéressées auront toute latitude pour pourvoir auxdits emplois, dans le délai qu'elles jugeront nécessaire, selon les ressources en candidats méritants que présenteront les corps sous leurs ordres.

V. — Créations ou suppressions d'emplois de caporaux.

Il sera pourvu, le 15 avril 1913, par les soins des commandants de corps d'armée ou des chefs de corps intéressés, aux emplois de caporaux suivants :

Cadres caporaux des unités hors rang des quinze régiments nouveaux (infanterie et tirailleurs) dans les conditions et sous les réserves formulées ci-dessus.

Cadres caporaux des compagnies de dépôt des cinq régiments de tirailleurs créés.

Augmentation des cadres caporaux des compagnies de dépôt des 1ᵉʳ, 2ᵉ, 3ᵉ et 4ᵉ tirailleurs.

Cadres caporaux du 9ᵉ bataillon du 2ᵉ régiment de tirailleurs (de nouvelle formation).

D'autre part, les chefs de corps intéressés prendront leurs dispositions pour que, le 15 avril 1913, les modifications suivantes soient apportées dans les cadres des caporaux :

Réduction d'un caporal dans les cadres des compagnies des régiments subdivisionnaires renforcés.

Réduction de deux caporaux dans les cadres des compagnies des zouaves d'Afrique.

VI. — Dispositions concernant les modifications apportées par la loi du 23 décembre 1912 aux emplois de l'état-major du régiment (lieutenants et adjudants-chefs).

La nouvelle loi des cadres de l'infanterie prévoit, dans la composition de l'état-major des régiments, deux emplois tenus par des lieutenants :

Lieutenant adjoint au trésorier;

Lieutenant adjoint au capitaine chargé du matériel, faisant fonction d'officier d'approvisionnement

D'autre part, ladite loi prévoit la création de deux emplois d'adjudants-chefs comptables :

Adjudant-chef du casernement;

Adjudant-chef à la disposition du capitaine chargé du matériel.

Il importe, dès maintenant, de mettre sur ce point la situation de chaque corps en concordance avec les dispositions de la loi et de rendre immédiatement au service des compagnies tout lieutenant exerçant un emploi autre que ceux prévus par les tableaux annexés à la nouvelle loi.

A cet effet, les chefs de corps prendront sans délai les mesures suivantes :

1° Désignation du lieutenant adjoint au capitaine chargé du matériel, faisant fonction d'officier d'approvisionnement;

2° Remplacement immédiat par des adjudants-chefs des lieutenants exerçant actuellement les fonctions d'officiers de casernement et officiers d'armement délégués à l'habillement.

(Au cas où il serait impossible de nommer dès maintenant à ces fonctions les adjudants-chefs qui en seront les titulaires définitifs, l'emploi serait tenu provisoirement par un adjudant.)

VII. — Dispositions spéciales concernant les sous-officiers comptables et leur situation au point de vue de l'avancement.

Les différentes catégories de sous-officiers comptables, visés par le renvoi 6 du tableau I ou les renvois correspondants des tableaux suivants pourront être nommés, à partir du 15 avril 1913, sergents-majors ou adjudants, tout en étant maintenus dans leurs fonctions spéciales lorsqu'ils se trouveront dans les conditions fixées par la loi. Par mesure transitoire, ceux de ces sous-officiers qui auraient, à cette date, atteint dix ans de grade de sous-officier, pourront être nommés directement adjudants sans passer par l'emploi de sergent-major.

Toutefois, les chefs de corps devront s'attacher d'une façon toute particulière à ne pas faire parvenir les sous-officiers en question à l'emploi d'adjudant avec un nombre d'années de service inférieur à celui de leurs camarades sous-officiers de compagnie du même corps.

Ces dispositions s'appliquent également aux tambours-majors (renvoi 5 du tableau I). Ces sous-officiers pourront être nommés, à partir du 15 avril, adjudants s'ils ont dix ans de grade de sous-officier et sous la réserve d'ancienneté de service formulée ci-dessus.

VIII. — Dispositions concernant le nombre de sous-officiers pouvant être maintenus sous les drapeaux au delà de la durée légale (Art. 4 de la loi du 23 décembre 1912).

Les chefs de corps prendront les mesures nécessaires pour que, conformément aux dispositions de l'article 4 de la loi des cadres de l'infanterie du 23 décembre 1912, le nombre des sous-officiers des régiments d'infanterie, de zouaves, de bataillons de chasseurs autorisés à rester sous les drapeaux au delà de la durée légale du service, en vertu d'une commission ou d'un rengagement, soit progressivement amené à atteindre, d'ici le 31 décembre 1914, la proportion fixée par ladite loi.

A cet effet, il conviendra d'accueillir, au fur et à mesure des créations nouvelles, toutes les demandes acceptables de sous-officiers rengagés jusqu'à réalisation du chiffre représentant les deux tiers de l'effectif total des sous-officiers attribué aux divers corps par la loi, celle-ci étant supposée intégralement appliquée.

En outre, les caporaux rengagés promus sous-officiers pourront, au fur et à mesure des vacances, participer à la constitution des deux tiers, sous la réserve que leur nombre ne dépassera pas le chiffre maximum des places de sous-officiers rengagés qui leur revient légalement. Cette réserve ne s'imposerait plus si, à défaut de candidats sous-officiers, la proportion des deux tiers ne pouvait être atteinte; les vacances pourraient alors être attribuées à des caporaux rengagés susceptibles de recevoir le galon de sous-officier.

Enfin, dans le cas où aucun candidat rengagé, sergent ou caporal, ne se présenterait pour des places de sous-officiers rengagés vacantes, celles-ci pourraient être attribuées à des non rengagés présentant les conditions d'aptitudes requises.

Instruction complémentaire relative à l'application de la loi des cadres de l'infanterie du 23 décembre 1912.

Paris, le 16 avril 1913.

Les premières mesures d'application de la loi des cadres de l'infanterie du 23 décembre 1912 ont provoqué un certain nombre de demandes de renseignements complémentaires sur divers points de détail.

Il a paru utile de porter à la connaissance des autorités militaires intéressées les solutions qui ont été données aux principales questions posées à cet effet et qui peuvent se résumer ainsi qu'il suit :

Porte-drapeau.

En campagne et aux manœuvres, les fonctions de porte-drapeau sont attribuées à un officier de réserve.

En toutes autres circonstances, c'est un lieutenant de compagnie qui doit porter le drapeau; à cet effet, les chefs de corps désigneront dans chaque bataillon un lieutenant de compagnie qui sera destiné, le cas échéant, à être porte-drapeau dans les différentes prises d'armes.

Situation et affectation des lieutenants comptables lorsque le régiment est fractionné.

Dans ce cas, le lieutenant adjoint au capitaine chargé du matériel doit remplacer l'officier délégué à l'habillement, emploi prévu par l'article 73 du règlement du 20 mars 1906 (Administration et comptabilité intérieure des corps de troupe). Sa place est donc à la portion où ne se trouve pas le capitaine chargé du matériel, lorsque ce dernier est à la portion centrale ou au dépôt.

Quant au lieutenant adjoint au trésorier, sa place est à la portion principale, lorsque le capitaine trésorier est à la portion centrale.

Adjudants-chefs du cadre complémentaire.

Leur nombre reste fixé — tout au moins provisoirement — à celui déterminé par l'instruction du 23 mai 1912 pour l'application de la loi du 30 mars 1912 et du décret du 23 mai 1912 (*Journal officiel* du 25 mai 1912, p. 4743) (deux par régiment d'infanterie, un par bataillon de chasseurs à pied, etc.).

Ils sont destinés à être détachés dans une compagnie pour y tenir place de lieutenant.

Ils peuvent, s'ils possèdent des aptitudes particulières aux fonctions de comptables, être désignés pour un emploi d'adjudant-chef comptable. Ils sont alors remplacés au cadre complémentaire par les soins du général commandant le corps d'armée.

Dans certains cas d'espèce, soumis à l'appréciation du commandant de corps d'armée, des adjudants-chefs du cadre complémentaire pourront être nommés dès maintenant adjudants-chefs de bataillon; ils ne seront pas alors remplacés au cadre complémentaire, le nombre total des adjudants-chefs non comptables ne devant pas provisoirement dépasser les fixations de l'instruction du 23 mai 1912.

Adjudants-chefs comptables.

L'adjudant-chef chargé du casernement a dans ses attributions celles qui incombaient à l'officier de casernement : service du casernement, du couchage, du chauffage et de l'éclairage; dans les corps fractionnés, il est placé à la portion principale où ce service a le plus d'importance.

Le service du casernement à la portion centrale sera assuré par l'adjudant de bataillon (ultérieurement adjudant-chef de bataillon) par analogie avec ce qui est prévu par les dispositions de la loi pour les bataillons de chasseurs.

L'adjudant-chef à la disposition du capitaine chargé du matériel s'occupera tout spécialement du service de l'armement, il se trouvera auprès de son capitaine chef de service (portion centrale ou dépôt) dans les corps fractionnés.

Adjudants-chefs de bataillon.

La transformation de l'emploi d'adjudant de bataillon en emploi d'adjudant-chef de bataillon, ne sera réalisée qu'ultérieurement, sauf dans les cas exceptionnels prévus ci-dessus (§ Adjudants-chefs du cadre complémentaire).

Il reste d'ailleurs entendu que l'emploi d'adjudant-chef de bataillon ne saurait conférer aucune prérogative, au point de vue du droit au commandement, sur les adjudants-chefs des autres catégories.

Service du casernement dans les bataillons de chasseurs à pied.

Dans les bataillons de chasseurs à pied, c'est à l'adjudant de bataillon qu'il convient d'attribuer, dès maintenant, le service de casernement, sans attendre l'époque où l'emploi d'adjudant de bataillon y sera transformé en emploi d'adjudant-chef de bataillon.

En aucun cas, il n'y a lieu de charger du service de casernement l'adjudant-chef du cadre complémentaire.

Changement d'affectation des adjudants-chefs.

Il appartient aux commandants de corps d'armée, qui ont dans leurs attributions le choix et la nomination des adjudants-chefs, de prononcer, le cas échéant, le passage de ces sous-officiers d'une catégorie dans une autre sur la proposition des chefs de corps.

Vaguemestres.

Les emplois de vaguemestres dans les régiments d'infanterie doivent, aussitôt que possible, être tenus par des sergents-majors: conformément aux dispositions de la circulaire n° 826 C/1 du 26 février 1913, il ne doit plus être nommé d'adjudant pour remplir cet emploi, même dans les corps qui conservent encore des unités hors rang avec leur ancienne composition.

Les adjudants vaguemestres actuellement en fonctions pourront, dans une certaine limite, être nommés adjudants-chefs comptables, fonctions dans lesquelles la plupart d'entre eux paraissent susceptibles de rendre de bons services; ils peuvent également être désignés comme adjudants de bataillon.

Dans les bataillons de chasseurs, il convient également de ne pourvoir dès maintenant aux vacances de vaguemestres qui se produiront que par des sergents; quant aux sergents-majors va-

guemestres actuellement en fonctions, ils seront maintenus dans
leur emploi, mais on devra s'efforcer à ne point laisser prolon-
ger indéfiniment une situation qui ne serait plus conforme aux
dispositions de la loi, en recherchant tous les moyens de placer
ces sous-officiers dans d'autres emplois tout en respectant les
intérêts d'une situation acquise.

Sergents secrétaires du colonel, du major, du capitaine chargé du matériel,
de la commission des ordinaires, sergent chargé des équipages, sergent
chargé de l'infirmerie.

Ces différents emplois de sous-officiers ne peuvent avoir d'existence légale que du jour où est constituée dans le corps la compagnie hors rang sur le type nouveau; par suite, ce sont seule-
ment les régiments créés à la date du 15 avril 1913 qui compor-
tent, dès cette date, les emplois de sous-officiers ci-dessus énumérés.

Dans tous les autres corps (déjà existants au 15 avril 1913), on
pourra désigner dès maintenant et les employer dans leurs services respectifs, les sous-officiers qui sont destinés, lors de la
constitution de la compagnie hors rang, à tenir définitivement ces
emplois de nouvelle création, mais ces sous-officiers continueront à compter provisoirement dans les compagnies.

D'ailleurs, dans les corps déjà existants aussi bien que dans les
corps de nouvelle formation, les colonels ne doivent pas perdre
de vue que, conformément aux dispositions insérées aux tableaux annexés à la loi, les emplois énumérés ci-dessus, qui sont
nouvellement créés, doivent en principe être tenus par des sergents qui, parallèlement à leurs camarades des compagnies,
peuvent obtenir, après un certain nombre d'années, les galons
de sergent-major et d'adjudant.

En ce qui concerne plus particulièrement le sous-officier secrétaire du colonel, il n'y a rien à changer aux errements ac-
tuels, mais il doit être entendu que lorsque seront désignés les
capitaines adjoints au colonel, le secrétaire en question devra au
début être sergent.

Sergent secrétaire du trésorier, sergent garde-magasin.

Dans les corps de nouvelle formation, il importe de désigner,
pour ces emplois, des sergents d'une ancienneté relativement
assez faible.

Dans les corps déjà existants, les sergents secrétaire du trésorier et garde-magasin pourront être, à partir du 15 avril 1913,
nommés sergents-majors ou adjudants; par mesure transitoire,

ceux de ces sous-officiers qui auraient atteint, le 15 avril 1913, dix ans de grade de sous-officier, pourront être nommés directement adjudants sans passer par l'emploi de sergent-major; ceux qui auraient à cette même date plus de quatre ans de grade et moins de dix ans pourront être nommés d'abord sergent-major; ils pourront être ultérieurement promus adjudants dès qu'ils auront atteint dix ans de grade, quel que soit le temps passé par eux comme sergent-major.

Caporaux armuriers.

La proportion des caporaux armuriers et des sergents armuriers sera fixée ultérieurement.

Soldats secrétaires du capitaine chargé du matériel.

En cas de fractionnement du corps, un des soldats secrétaire du capitaine chargé du matériel doit être placé à la portion du corps où se trouve le lieutenant adjoint au capitaine chargé du matériel; il est au besoin remplacé comme secrétaire auprès du capitaine par un soldat du service auxiliaire.

Emplois de sous-officiers (tableau H annexé à la loi du 21 mars 1905).

En attendant que les modifications nécessaires soient apportées par voie législative au tableau H annexé à la loi du 21 mars 1905, il convient de considérer provisoirement, comme conférant les avantages du tableau susvisé, les grades et emplois ci-après non compris dans le tableau H actuel :

Adjudant-chef chargé du casernement;

Adjudant chef à la disposition du capitaine chargé du matériel;

Vaguemestre (quel que soit le grade);

Sergent-major de la compagnie H. R.;

Sous-officier secrétaire du major, du capitaine chargé du matériel;

Sergent chargé de l'infirmerie.

En ce qui concerne le passage des sous-officiers d'un emploi dans un autre, il convient de ne pas perdre de vue que les dispositions transitoires contenues dans l'article 2 de la loi du 30 mars 1912 ne visent que les sous-officiers qui, au moment de la promulgation de cette loi, étaient dans le rang, que par suite elles ne sauraient s'appliquer à ceux qui occupaient à cette époque un emploi des tableaux H et I.

En conséquence, il y a lieu d'attirer tout particulièrement l'attention des sous-officiers actuellement titulaires d'un emploi du tableau H sur ce point : savoir que, dans le cas où ils quitteraient leur emploi actuel pour en prendre un non compris au tableau H, ils ne pourraient invoquer ultérieurement en leur faveur le bénéfice des dispositions transitoires prévues par l'article 2 de la loi précitée, dispositions qui ne les concernent pas.

Instruction n° 2 relative à l'application de la loi des cadres de l'infanterie du 23 décembre 1912 (suite aux instructions des 15 mars et 16 avril 1913) (1).

Paris, le 27 mai 1913.

I. — Constitution du 31ᵉ bataillon de chasseurs.

Par application du décret du 8 avril 1913, le 31ᵉ bataillon de chasseurs à pied sera constitué à Corcieux, le 25 juin 1913, conformément aux dispositions dudit décret, par le groupement des sixièmes compagnies des 1ᵉʳ, 3ᵉ, 5ᵉ, 10ᵉ et 15ᵉ bataillons de chasseurs.

Pour la formation de ce nouveau corps, les généraux commandant les 7ᵉ et 20ᵉ corps d'armée se référeront aux instructions qui leur ont déjà été adressées à ce sujet, en particulier aux lettres de l'état-major de l'armée du 11 avril 1913 : n° 2274 1/11 au général commandant le 7ᵉ corps d'armée, n° 2275 1/11 au général commandant le 20ᵉ corps d'armée et à la note du 6 mai 1913 de la Direction de l'Infanterie (Cabinet) adressée sous bordereau n° 2027 c/1 au général commandant le 7ᵉ corps d'armée et n° 2028 c/1 au général commandant le 20ᵉ corps d'armée.

Les officiers de l'état-major du 31ᵉ bataillon de chasseurs (chef de corps, capitaine-major, lieutenant trésorier, lieutenant chargé du matériel, lieutenant chargé de la mobilisation faisant fonctions d'officier d'approvisionnement), désignés aux mutations du 25 mai, devront avoir rejoint leur nouveau poste, à Corcieux, le 20 juin au plus tard, afin de pouvoir préparer la formation et l'installation de ce nouveau bataillon.

L'emploi de capitaine adjudant-major, ceux de capitaines du cadre complémentaire (créés à la formation) seront attribués à la suite du mouvement de promotions et de mutations du 25 juin.

---

(1) L'instruction du 15 mars 1913 doit être considérée comme instruction n° 1, celle du 16 avril comme instruction n° 1 *bis*.

L'unité hors rang du 31ᵉ bataillon de chasseurs sera constituée, le 25 juin, sur le type de la nouvelle loi (tableau 2 annexé à la loi du 23 décembre 1912), conformément aux dispositions contenues dans les instructions du 15 mars et du 16 avril 1913 (*B. O.*, P. S., p. 283 et 370) pour la constitution des unités hors rang des corps de nouvelle formation.

Le 31ᵉ bataillon de chasseurs, installé provisoirement, dès sa constitution, à Corcieux, ira à Saint-Dié vers le 1ᵉʳ octobre pour y tenir définitivement garnison; son dépôt sera à Langres; il sera rattaché à la 82ᵉ brigade d'infanterie.

II. — Officiers.

(Créations ou suppressions d'emplois.)

1° CRÉATIONS.

Il sera pourvu, par voie de promotion ou de mutation, dans le mouvement du 25 juin 1913, aux emplois d'officiers ci-après désignés :

a) *Chefs de bataillon.*

Commandant du 31ᵉ bataillon de chasseurs (remplacement dans les cadres de l'infanterie de l'officier précédemment désigné pour cet emploi).

Effectif en chefs de bataillon du cadre complémentaire des régiments subdivisionnaires des 6ᵉ, 7ᵉ et 20ᵉ corps d'armée et de la 29ᵉ division d'infanterie, porté au complet.

Soit deux emplois dans chacun des dix régiments suivants : 3ᵉ, 23ᵉ, 26ᵉ, 35ᵉ, 60ᵉ, 79ᵉ, 91ᵉ, 106ᵉ, 141ᵉ, 149ᵉ, et un emploi dans chacun des dix régiments suivants : 21ᵉ, 37ᵉ, 42ᵉ, 44ᵉ, 69ᵉ, 94ᵉ, 111ᵉ, 112ᵉ, 132ᵉ, 133ᵉ.

Deuxième emploi de chef de bataillon du cadre complémentaire dans seize régiments subdivisionnaires, régiments (autres que ceux précédemment désignés) dont la composition, antérieurement à la loi du 23 décembre 1912, ne comportait qu'un emploi de chef de bataillon, en commençant par ceux de ces régiments qui ont des chefs de bataillon détachés du corps.

b) *Capitaines.*

Etat-major du 31ᵉ bataillon de chasseurs.

Capitaine-major (remplacement dans les cadres de l'infanterie de l'officier précédemment désigné pour cet emploi).

Capitaine adjudant-major.

Un emploi de capitaine du cadre complémentaire (effectif porté de trois à quatre) dans les vingt régiments subdivisionnaires des 6e, 7e et 20e corps d'armée et 29e division d'infanterie.

Un emploi de capitaine du cadre complémentaire dans chacun des dix-huit régiments régionaux d'infanterie et dans chacun des dix régiments d'infanterie de nouvelle formation.

Un emploi de capitaine du cadre complémentaire (effectif porté de un à deux) dans les quinze premiers bataillons de chasseurs.

Deux emplois de capitaines du cadre complémentaire au 31e bataillon de chasseurs.

Trois emplois de capitaines à la légion étrangère (organisation de trois compagnies pour remplacer les trois compagnies montées du Maroc mises hors bataillon).

2° SUPPRESSIONS.

L'emploi de troisième lieutenant de compagnie dans les bataillons de chasseurs à pied sera supprimé à partir du 25 juin par voie d'extinction; les lieutenants ou sous-lieutenants qui, dans ces corps, sont actuellement en surplus de l'effectif, tel qu'il résulte du tableau 2 annexé à la loi du 23 décembre 1912, continueront à compter dans les compagnies, mais on ne devra plus considérer comme vacants, dans les bataillons de chasseurs, les emplois non comblés de troisièmes lieutenants de compagnie; en conséquence, ces vacances ne devront plus, à partir du 1er juillet, être indiquées sur les diverses situations établies par ces corps, et, en particulier, sur les états nominatifs modèle A.

III. — Sous-officiers.

(Créations d'emplois.)

Il sera pourvu, à partir du 1er juillet, par les soins des commandants de corps d'armée ou des chefs de corps intéressés, aux emplois de sous-officiers ci-après désignés :

1° ADJUDANTS-CHEFS.

Troisième emploi d'adjudant-chef du cadre complémentaire dans chacun des 173 régiments d'infanterie.

Deuxième emploi d'adjudant-chef du cadre complémentaire dans chacun des 30 bataillons de chasseurs anciens.

Deux emplois d'adjudant-chef du cadre complémentaire au 31e bataillon de chasseurs.

Emplois d'adjudants-chefs du cadre supplémentaire restant à créer dans chacun des 9 régiments de tirailleurs, de façon à ce que leur effectif atteigne, par régiment, les fixations légales.

Deuxième emploi d'adjudant-chef du cadre supplémentaire dans chacun des 5 bataillons d'infanterie légère d'Afrique.

Aucun emploi d'adjudant-chef du cadre complémentaire ne doit être créé dans les régiments de zouaves. En effet, la loi du 23 décembre 1912 (tableau 3 annexé à ladite loi) fixe à trois, pour chacun des 4 régiments de zouaves, le nombre des adjudants-chefs du cadre complémentaire, soit douze pour l'ensemble des 4 régiments.

Or, conformément à l'instruction du 24 mai (application de la loi du 30 mars 1912) (*B. O.*, P. P., 1912, p. 795 et suivantes), le nombre total des adjudants-chefs du cadre complémentaire déjà attribué à l'ensemble des zouaves, y compris les portions détachées au Maroc et celles stationnées en France, est de 13.

2° ADJUDANTS.

Trois emplois d'adjudants du cadre complémentaire ou du cadre supplémentaire dans chacun des 173 régiments d'infanterie, des 4 régiments de zouaves et des 9 régiments de tirailleurs.

Un emploi d'adjudant du cadre complémentaire ou du cadre supplémentaire dans chacun des 31 bataillons de chasseurs à pied.

Dans les bataillons d'infanterie légère d'Afrique qui, sous le régime antérieur à la loi du 23 décembre 1912, possédaient deux adjudants au petit état-major du bataillon, le nouvel emploi d'adjudant du cadre complémentaire ne sera pas créé; la situation sera régularisée par l'affectation d'un adjudant au cadre complémentaire et la réduction de deux à un des adjudants de bataillon.

Les créations, dans les régiments étrangers, des emplois de sous-officiers analogues à ceux prévus dans la présente instruction, ne seront réalisées que lorsque les propositions de M. le général commandant le 19e corps d'armée, concernant la réorganisation de la légion étrangère, auront été approuvées; des instructions spéciales seront incessamment adressées à ce sujet.

IV. — **Dispositions diverses.**

ADJUDANTS-CHEFS ET ADJUDANTS DU CADRE COMPLÉMENTAIRE.

L'attention des chefs de corps est appelée sur les considérations qui ont inspiré la création de ces emplois. Les adjudants-chefs et adjudants du cadre complémentaire sont destinés à remplir, dans les compagnies, les fonctions de chef de section et à parer aux incomplets en lieutenants ou sous-lieutenants qui existent actuellement dans les unités.

Ils doivent donc être choisis parmi des sous-officiers particulièrement aptes aux fonctions de chef de section et d'instructeurs.

En aucun cas, les adjudants-chefs et adjudants du cadre complémentaire ne sauraient être distraits de cette destination pour être employés dans un service quelconque. Si les ressources des corps d'armée ne permettent pas d'y trouver, dès le 1er juillet, les candidats remplissant les conditions prévues pour être nommés adjudants-chefs du cadre complémentaire, par mesure transitoire, les emplois vacants d'adjudants-chefs du cadre complémentaire pourront être tenus par des adjudants du cadre complémentaire nommés à cet effet; mais il reste entendu que, dans chaque corps, le nombre des adjudants-chefs du cadre complémentaire et des adjudants du cadre complémentaire ne doit pas dépasser l'effectif global de ces deux emplois tel qu'il est prévu par les tableaux annexés à la loi du 23 décembre 1912.

CHANGEMENT D'AFFECTATION DES ADJUDANTS-CHEFS DU CADRE COMPLÉMENTAIRE.

Il paraît nécessaire de préciser sur ce point les dispositions de l'instruction complémentaire du 16 avril 1913 pour éviter des erreurs d'interprétation de ce texte.

Ladite instruction envisage la possibilité de nommer, dès maintenant, adjudants-chefs do bataillon, des adjudants chefs du cadre complémentaire; mais une pareille mutation ne peut être prononcée que dans des cas d'espèce suffisamment motivés et sous l'indispensable et essentielle réserve que des vacances d'emploi d'adjudant de bataillon soient ouvertes.

En tout état de cause, tant que l'emploi d'adjudant-chef de bataillon n'aura pas été créé, lorsque l'opportunité de pareilles mutations s'imposera, les commandants de corps d'armée devront veiller à ce que, dans chaque corps de troupe placé sous leurs ordres, le nombre total des adjudants-chefs ne dépasse pas l'effectif global des adjudants-chefs du cadre complémentaire et comptables prévu par la loi du 23 décembre 1912 (cinq pour les régiments d'infanterie).

Au surplus, lors de la revision du tableau H annexé à la loi du 21 mars 1905, il est vraisemblable que l'emploi d'adjudant-chef de bataillon ne figurera plus parmi les emplois énumérés audit tableau; c'est donc intentionnellement que l'instruction complémentaire du 16 avril n'a pas mentionné l'emploi d'adjudant-chef de bataillon parmi ceux qui peuvent être considérés comme conférant, dès maintenant, les avantages du tableau susvisé.

Il convient d'attirer à ce sujet l'attention des sous-officiers intéressés pour leur éviter des déceptions ultérieures.

ATTRIBUTION DES VACANCES DE SOUS-OFFICIER.

Les importantes créations de sous-officiers prévues par la présente instruction vont ouvrir, dans chaque corps, un certain nombre de vacances de sous-officiers.

Il convient, en cette circonstance, que les chefs de corps ne perdent pas de vue la situation qui résultera, au point de vue du recrutement des sous-officiers, du maintien éventuel sous les drapeaux de la classe 1910; de ce fait, les vacances de sous-officiers qui s'ouvrent habituellement en septembre, au moment de la libération de la classe, ne se produiront pas; il y a donc intérêt à réserver, dès maintenant, un certain nombre de places de sous-officiers pour les caporaux appartenant à la plus jeune classe ou engagés volontaires qui seraient dignes de cet avancement.

RÉGULARISATION DE NOMINATIONS IRRÉGULIÈRES DE SOUS-OFFICIERS COMPTABLES.

Par une fausse interprétation de l'instruction du 15 mars 1913, certains chefs de corps se sont crus autorisés à nommer sergents-majors ou adjudants des sous-officiers, tels que ceux destinés à être secrétaires du colonel, du major ou du capitaine chargé du matériel, dont les emplois ne sont pas encore créés; il convient de s'en tenir strictement aux prescriptions contenues à ce sujet dans l'instruction complémentaire du 16 avril 1913.

En ce qui concerne celles de ces nominations qui, dans l'intérêt des sous-officiers en cause, ont été maintenues, il importe que ces situations soient au plus tôt régularisées.

A cet effet, les chefs de corps profiteront des vacances qui vont résulter de la création nouvelle des emplois d'adjudants-chefs et d'adjudants du cadre complémentaire pour replacer dans les unités, comme cela leur a été prescrit, les sous-officiers indûment nommés sergents-majors ou adjudants.

NOMINATION DE SERGENTS ARMURIERS.

La nomination au grade de sergent des caporaux armuriers,

conformément aux dispositions de la loi des cadres de l'infanterie du 23 décembre 1912 (renvoi 7 du tableau I annexé à la loi et renvoi correspondant des tableaux suivants), commencera à être effectué par les soins du Ministre (3º Direction) à partir du 25 juin, en échelonnant les créations depuis cette date, de façon à ce qu'elles soient complètement réalisées au commencement de 1914.

La proportion des candidats pouvant être promus sergents armuriers dans l'infanterie est fixée aux trois cinquièmes du nombre total des emplois de caporaux armuriers prévus par la loi précitée (même proportion que celle précédemment adoptée pour l'artillerie).

TAMBOUR-MAJOR.

Des incertitudes semblent s'être produites sur la façon dont il convenait d'appliquer les instructions du 15 mars et du 16 avril en ce qui concerne l'avancement des tambours-majors.

Du rapprochement du dernier alinéa du paragraphe VII : « Dispositions concernant les sous-officiers comptables » (instruction du 15 mars) et du paragraphe : « Sergent secrétaire du trésorier, sergent garde-magasin » (instruction du 16 avril), il résulte que, par mesure transitoire, les tambours-majors qui auraient dix ans de grade de sous-officier peuvent, dès maintenant, être nommés adjudants, quelque soit le temps passé par eux comme sergents-majors, sous les réserves formulées dans lesdites instructions.

Paris et Limoges. — Imprimerie et librairie militaires Henri CHARLES-LAVAUZELLE.

Librairie militaire Henri CHARLES-LAVAUZELLE
Paris et Limoges.

Organisation de l'armée :

1re PARTIE. *Organisation générale* (à jour en octobre 1908.) 406 pages, cartonné............ 3 »

2e PARTIE. *Cadres et effectifs* (à jour au 15 mars 1910.) 600 pages, cart. 4 »

3e PARTIE *Administration de l'armée* (à jour au 15 octobre 1910.) 570 p. 3 75

Personnel civil d'exploitation des établissements militaires. Dispositions relatives aux conditions du travail dans les marchés passés au nom de l'Etat (à jour au 1er juillet 1906). 378 pages, cartonné...... 2 75

Pensions militaires. (Arrêté à la date du 10 mai 1909). 280 p., cart.. 2 25

Service des poudres et salpêtres (personnel et matériel) (à jour au 1er février 1911). 220 pages, cartonné............ 2 »

Recrutement de l'armée. Dispositions générales (à jour au 8 mai 1911). 296 pages, cartonné............ 2 50

Pensions et gratifications de réforme. (Volume arrêté à la date du 28 octobre 1907.) 44 pages, cartonné............ » 50

Pensions civiles. (Volume arrêté à la date du 20 juin 1908.) In-8° de 96 pages, cartonné............ » 75

Instruction du 22 octobre 1905 sur l'aptitude physique au service militaire (à jour au 1er juin 1911) 68 pages, broché............ » 50

Recrutement de l'armée. Allocations pour soutiens indispensables de famille. (Volume arrêté au 16 janvier 1911.) 92 pages, cartonné. » 75

Recrutement de l'armée. — Commissions spéciales de réformes (arrêté à la date du 21 janvier 1910), 64 pages............ » 50

Instruction relative du 16 avril 1910 relative à l'affectation des jeunes soldats, à l'appel et à la libération des classes. 62 pag. » 75

Remonte générale à l'intérieur. (Volume arrêté à la date du 27 octobre 1902.) 322 pages, broché............ 2 50

Instruction du 19 décembre 1900 sur le service des remontes et des haras en Algérie et en Tunisie. 226 pag., br., 2 fr. 50; relié toile. 3 50

Remonte de la gendarmerie (à jour au 10 décembre 1910), 16 pages, cartonné............ » 25

Réquisitions militaires. (Volume arrêté à la date du 1er octobre 1908.) 152 pages, cartonné............ 1 50

Réquisitions militaires. Recensement et classement des animaux et des voitures (arrêté à la date du 15 avril 1909) 144 pages, cart...... 1 50

Instruction du 20 juin 1910 relative aux hommes de troupes de la disponibilité et des réserves (arrêté à la date du 20 juin 1910), 538 pages, cartonné............ 3 75

Réserve et armée territoriale. — Officiers et assimilés. — Instruction relative aux officiers et assimilés de complément. Dispositions communes à chaque arme ou service (arrêté au 1er juin 1909), 330 pages, cart.. 2 50

**Réserve et armée territoriale. — Elèves officiers de réserve à jour au 1er mai 1910), 78 pages, cartonné............ » 75

Instruction sur le service courant (du 10 février 1908), mise à jour au 1er avril 1911. — 448 pages, cartonné............ 3 »

Service courant. Tableau des pièces périodiques (à jour au 1er juillet 1907), 146 pages, cartonné............ 1 25

Service de place : Etat de siège, honneurs et préséances, cercles et bibliothèques militaires. Volume arrêté à la date du 7 octobre 1909, cartonné............ 1 60